김형각 시집

한 걸음 덜 가자

한 걸음 덜 가자

초판 1쇄 발행일 2025년 9월 1일

지은이 김형각
펴낸이 곽혜란
편집장 김명희
디자인 김지희

도서출판 문학바탕
주소 (07333) 서울시 영등포구 여의대방로 379 제일빌딩 704호
전화 02)545-6792
팩스 02)420-6795
출판등록 2004년 6월 1일 제 2-3991호

ISBN 979-11-93802-25-0 (03810)
정가 12,000원

* 이 책의 저작권은 저자에게 있으며 이 책의 전부 또는 일부를
  이용하시려면 저작권자의 서면동의를 받아야 합니다.
* 이 책은 국립중앙도서관, 국회도서관 홈페이지에서 검색 가능합니다.
* 문학바탕, 필미디어는 (주)미디어바탕의 출판브랜드입니다.

시인의 말

문학은
내 안의 오래된 불씨였습니다.

학창 시절 품었던 그 불,
삶에 쫓겨 숨기고만 살았지요.
미국 땅에서조차
그 불씨는 꺼지지 않았고,
김홍기 시인과 문학바탕의 따뜻한 손길 덕에
이제 첫 시집을 내놓습니다.

조선의 시인 최경창과
기생시인 홍랑의 애달픈 사랑,
그 이야기가 내 마음을 흔들고
시의 문을 다시 두드리게 했습니다.

무엇보다
긴 세월 묵묵히 옆을 지켜준 아내,
그대의 참아낸 날들 위에
이 시들이 피어났습니다.

고맙습니다.
사랑합니다.

추천사

　이 시집은 한 시인의 삶의 지도이자 그의 시간 위에 드리운 그리움의 지문이다. 고향인 서울에서의 철없이 천진난만했던 유년, 꿈과 사랑과 사색으로 골몰했던 청춘의 날들, 부모님과 가족의 따스한 손길, 그리고 태평양을 건너온 날들의 풍경이 김형각 시인의 언어 속에서 다시 살아난다.
　김형각 시인에게 시는 이민자의 고단한 하루 속에 스며든 한 줄기 빛이며 잊히지 않는 고향의 냄새를 품은 편지이기도 하다. 그의 시편들을 따라가다 보면, 우리는 낯선 땅에서도 결코 잊을 수 없던 '처음의 마음'을 만난다.

　디아스포라적 정체성이 응축된 한 권의 서정적 연대기 같은 이 첫 시집의 출간이, 김형각 시인에게는 오래 품어두었던 언어의 문을 여는 시작이었을 것이다. 그의 시는 긴 이주의 궤적 위에서 정주와 이주의 경계를 시적으로 탐색한다.
　이 시편들은 단지 회고적 감상에 머물지 않고, 유년의 장소성과 부모의 존재를 통해 자아의 기원을 성찰하며, 나아가 미국이라는 타지에서 언어와 정체성 사이에 놓인 틈을 가만히 어루만진다.
　김형각 시인의 시는 디아스포라 문학의 문법을 따르면서 모국어에 대한 감각적 충실함을 잃지 않는다. 그의 언어는 흐트러진 정체성의 파편을 모으고 삶의 경계를 서정으로 봉합하는 조용하고 단단한 시적 축조이며 건축이다. 이 시집이 동시대를 살아가는 모두에게 건너간 국경과 세월만큼이나 먼 곳에 닿아, 각자의 기억을 소환하여 그리움의 시간을 어루만져주기를 바라본다.

곽혜란(시인, 월간 문학바탕 발행인)

시인의 말	3
추천사	4

1부_아카시아 꽃 아래에서

잊지 못한 꽃반지	12
꽃상여	14
여명	16
한강, 그 시절	18
아카시아 꽃 아래에서	20
추어탕의 추억	21
아버지	22
안식처	24
봉숭아	25
소래포구	26
검정 고무신	28
사랑하는 내 동생아	30
풍금 소리	32
대한극장	34
소나기	36
머나먼 고향생각	37
황금들판	38

2부_우연히 다시 보았네

어머니	42
오랜 친구야	44
진	45
빛이 머무는 자리	46
우연히 다시 보았네	48
그가 나타나기를	50
진한 땀방울을 쏟으며	52
Solitary Man(군중 속의 독백)	54
그대는 술	56
그해 겨울, 황산벌에서	58
서울운동장	60
남산	62
세종로	64
U.S.A	66
보리밭	68
통곡의 강	70
돌아오는 계절 가을에	72
간절한 소망	74
너였기에	75

3부_가끔 하늘을 본다

설날 아침에	78
방랑시인 김삿갓	80
미국에서	82
골프장에서	84
환장하겠네	85
때론 잠시 쉬어가는	86
가끔 하늘을 본다	87
사랑하는 아들아	88
가을이 간다	91
가족의 힘	92
안개 속의 하늘	95
호젓한 오솔길	96
석양과 노을	97
해바라기	98
잊지 못하는 얼굴	99
따뜻한 하루	100
세월이 뛰어간다	101
개울가	102
해오라기	103

4부_한 걸음 덜 가자

한 걸음 덜 가자	106
하얀 나비	107
사랑	108
바람 부는 날에	109
시	110
술, 나의 오래된 친구	112
추억 위에 짓는 집	114
그대가 보고 싶어요	115
술에 대하여	116
시는 노래를 낳고, 노래는 사랑을 만든다	118
괜찮다고 웃었지만	120
나에게 진한 위로	123
오늘은 조금은 무거운 날	124
슬픈 것은	125
왜 나일까	126
홍랑	128
기적은	131
물안개	132

작품해설

하늘은 이별과 위로를 함께 보여준다_김흥기   133

1부
아카시아 꽃 아래에서

잊지 못한 꽃반지

유년의 어느 오후,
옆집에 살던 소녀가
햇살보다 먼저 내 마음에 들어왔습니다

말 한마디 건네기엔
나는 너무 어린 용기였고
그래서 토끼풀로 정성 들여
작은 꽃반지를 엮었지요

그 반지는 말하지 못한 마음,
숨기기만 했던 설렘이었습니다

하지만 나는 결국 그 반지를, 수줍어
그 소녀의 손에 쥐어주지 못했습니다

시간이 흘러 라디오에서 흘러나온
"꽃반지 끼고"라는 노래 한 곡에
그 시절, 그 아이의 눈동자가
불쑥 내 앞에 나타났습니다

어디에 살고 있을까, 그때의 소녀는
지금도 여전히 소녀일 것만 같아서
늙었을 거란 상상조차

도무지 믿기지 않습니다

시간은 내 머리에 흰 실을 얹고
주름을 남겼지만,
그 소녀는 여전히 봄날의 반짝임으로
내 마음에 머물러 있네요

나는 아직도 그 반지를
그녀의 손에 건네주지 못한 채,
한참을, 우두커니 서 있습니다

꽃상여

어릴 적 마을 어귀를 지나가던
색동 꽃상여는 꽃마차처럼 보였지
어른들 눈물마저
어린 나는 구경거리로 삼았어
전날 밤의 예행연습은 축제로,
잔치로 생각했었지

예쁜 꽃들이 바람에 흔들릴 때면
누군가 먼 데로 소풍가는 줄 알았지
그 위의 고요함이
한없이 평화로워 보이던 날들
바람에 나부끼는 만장들도 아름답고

하지만 좀 커서
그 꽃상여가 무섭다는 걸 알았어
북소리와 나팔 사이, '죽음'이라는
내가 모르는 이별이 숨어 있었어

그리고 이제는 알게 되었지
그 길은 누구도 비껴갈 수 없다는 걸
인생은 한 겹씩 벗기는 꽃잎 같아서
마지막엔 조용히 스러지는 것

언젠가 나도 그 위에 누워있겠지
한 아름의 꽃에 싸여,
이 세상 마지막 소풍을 떠나겠지

그땐 누군가 나를 보고 뭐라 할까?
예뻤다. 그리고 이제는 알겠다고,
사랑한다고 속삭여주기를
삶이란 덧없고, 인생무상이라고

여명

전깃불 하나 없던 밤,
짙은 어둠이 무서움 되어
이불 속 작게 떨던 내게
희미한 새벽 안개꽃은
세상에서 가장 따뜻한 약속이었다

청춘의 책상 위엔
밤새 지새운 꿈들이 쌓이고,
조용히 밀려오던 여명의 숨결은
어둠을 밀어내는 첫 번째 환희였다

어른이 된 나는
일찍이 거리로 나서며
생의 전선을 향해 뛰었고
여명은 그저 또 하루의 시작일 뿐,
느낄 틈조차 없던 바쁜 그림자였다

이제는 조용히 창가에 앉아
어제와 다르지 않은 새벽빛을 본다
고요하고도 성근 그 빛이
어쩐지 가슴에 닿아
문득, 지난 모든 여명이 그리워진다

빠르게 가는 시간 속에서
나는 다시 여명을 기다린다
두려움도, 환희도, 분주함도 지나
이제는 그저,
한 조각의 따뜻한 안녕처럼

한강, 그 시절

1.
봄이면
파릇파릇 냉이, 쑥이 자라던 둔치
아낙네들은 나물바구니 들고
아지랑이 너머로 실루엣처럼 흔들렸다

여름이면
광나루, 뚝섬 모래사장에서
빤스만 입고 수영하며
피래미 잡던 철없던 천렵놀이
햇살보다 웃음이 더 반짝이던 날들

가을엔
코스모스가 강 따라 줄지어 피고
언덕 위에 앉아
하모니카 소리, 기타 선율에 맞춰
팝송을 따라 부르던 그 붉은 석양

겨울엔
한강이 꽁꽁 얼어붙고
우리는 썰매를 타며
연을 하늘 끝까지 실어 보냈다

2.
그리고 어느 겨울 잊지 못할 기억 하나,
눈보라 속에서
열 명 남짓이 고함치며 달리던 날

넓디넓은 호박밭 똥구덩이에
동수가 빠져버렸다
눈이 덮여 있어서 구덩이를 몰라보았다

마치 늪처럼 몸이 점점 잠기고
목까지 차오르던 그 순간 어찌할 바 몰라
새끼줄을 찾아 간신히 끌어냈을 때
온몸에 덕지덕지
말로 다 못할 그 모습에
우린 배꼽 잡고 웃었지만

집에 가기 전
얼음 녹인 수돗물로 대충 씻고는
어머니께 된통 혼났던 그날

동수야,
지금 어디서
잘 살고 있니?

아카시아 꽃 아래에서

바람이 오면
먼 기억 하나가 조용히 펼쳐진다

골목 끝 담벼락을 넘던
하얀 꽃송이의 향기,
그 속엔 아무 말도 없이
뒷모습으로 지나가던 어머니가 있었다

누구를 위해 핀 것도 아니면서
그리운 날이면 향기로 가득 퍼졌고,
비 오는 날엔 말없이 젖어 있었다

내가 너무 작았던 시절,
하늘을 올려다보면
꽃이 먼저 눈을 감고
내 눈물보다 먼저 땅에 떨어졌다

잊고 싶지 않은 봄이 있다면
그건 아카시아가 피던 골목일 것이다
그 향기 끝에서 나는 아직도
누군가의 손길을 기다리고 있다

추어탕의 추억

어릴 적, 빤스 하나 입고 몽촌다리 밑에서
족대 받치고 친구들과 물 몰이하며 잡았지
양동이 가득 꿈틀대던 그 놈들

엄니가 호박잎으로 박박 문지르고
소금 팍팍 뿌리면 하얀 거품을 토해내며
펄쩍펄쩍 난리치던 미꾸라지들

마른 시래기 불려서
통째로 넣은 미꾸리와 함께
큼직한 솥에 고춧가루, 마늘 한 움큼
푹푹 끓이다
대파 쌩둥쌩둥 썰어 넣고
한소끔 더 끓이면…

상 귀퉁이에 여럿이 둘러앉아
김 모락모락 호호 불며
한 숟갈 떠먹던 그 맛
얼큰하고 구수해서 절로 웃음 나던
추어탕의 그리움

통미꾸리 숯불구이도
정말 맛있었는데…

아버지

유년 시절, 아버지는
무서운 존재였습니다
말씀보다 훈육이 먼저였고
약주를 드시면 밤중에도
술을 더 사오라 하셨지요

그럴 땐 어머니가 나섰지만
결국엔 내가 작은 발로 어둠을 헤치고
주막까지 다녀와야 했습니다

어머니는 늘 복종뿐이셨습니다

청년 시절,
기와집 꼭대기에 올라 호령하시던 당신
상냥식 대목수, 당당한 그 모습은
세상에서 가장 높은 곳에
아버지가 계신 것 같았습니다

한때는 건축을 당신께 배우려 했지만
그놈의 약주, 과하게 드시는 걸 보고 결국 포기했지요

그런데 지금, 이 먼 미국 땅에서
저는 당신처럼 건축을 하고 있습니다

기억하시나요
우이동 계곡에서의 환갑잔치,
풍물놀이패, 노래하는 사람들,
그날의 흥겨움은 지금도 제 마음에 선명합니다

하지만 이젠 환갑잔치도, 칠순잔치도
점점 사라졌고
당신은 그 잔치 몇 해 뒤 너무도 갑작스레
우리 곁을 떠나셨습니다

그래도, 아버지는 비행기라도 타보셨지요
어머니는 그마저도 못 타 보시고
당신 따라 그 길을 가셨습니다

그곳에서는 함께 잘 지내고 계신가요?
큰형도 그 곁에 있나요?

지금은 그립습니다, 아버지
보고 싶습니다

언젠가 우리도 그 길을 가게 된다면
꼭, 꼭 다시 만나고 싶습니다

안식처

유년 시절엔
어둠이 내리면
엄마 품이 곧 안식처였다

청춘 시절엔
그 안식처를 찾아
삼만 리를 떠돌았다

결혼 후엔
내가 누군가의 안식처가 되어야 한다는
무거운 강박 속에서 살았다

그리고 지금 문득 깨닫는다
세상 어디에도 진정한 안식처는
쉽게 주어지지 않는다는 걸

봉숭아

작고도 예쁜 꽃
어머니 손끝에 물들면
겨울이 올 때까지
붉게 남아 있었지

무엇이 그리 급했을까
가을 단풍에게 길을 내주고
긴 겨울 동안
숨죽인 채 사라졌다가

어느 봄날
봄바람을 타고
조용히 돌아오는
봉숭아

소래포구

유년 시절, 아버지 손을 잡고
소래포구로 망둥어 낚시를 따라갔습니다

나는 낚시는 못 했던 것 같고
아버지는 고기를 척척 낚아
즉석에서 회로 썰어 주셨지요

집에 와선 빨랫줄에 고기를 말려
연탄불에 구워 먹었는데
그 맛은 지금도 잊히지 않습니다

김장철이면 어머니 손을 꼭 잡고
노란 들통을 들고 시외버스를 몇 번씩 갈아타며
새우젓과 말린 생선을 사러 다녔습니다

꽃게 철엔 시장마다 인심이 넘쳤고
게들이 산처럼 쌓여 있었습니다

그 시절 소래포구는
비릿한 바람 속에
정이 가득한 곳이었습니다

그런데 얼마 전,

정말 오랜만에 다시 가보았지요

깔끔해진 현대식 시설은
내 기억 속 골목을 지워버렸습니다

바뀐 것보다
잃어버린 것이 더 많아
문득, 마음이 서늘해졌습니다

이제는 내가 기억하던 그 소래포구를
어디로 가야 다시 만날 수 있을까요?

검정 고무신

옛 사람들은
짚신을 신었다지만
나는 짚신을 본 적이 없다
사극 영화 속에서나
허공을 스치는 짚신뿐이었다
한참 후, 민속촌에서야 실물로 마주했다

아마 짚신 이후, 고무신은
작은 혁명이었을 것이다

하지만 내 어린 시절의 검정 고무신은
늘 푸념의 대상이었다

새 고무신은 항상 형들의 차지였고
나는 구멍 난 고무신을 꿰매고
또 꿰매어 신었다

초등학교 어느 해,
운동화라는 것이 나왔고
나는 조르고 졸라서
처음으로 새 운동화를 갖게 되었다

와우! 그날 나는 정말

하늘을 나는 기분이었다
잠들 때도 베갯머리에 운동화를 놓고
한참을 뒤척였다

비 오는 날이면
그새 운동화가 젖을까 봐
해어진 검정 고무신을 신고
진창길을 걸었다

그러면서 알게 되었다
고무신 하나에도
사람이 무시당할 수 있다는 걸

물건이든 사람이든
겉모양 하나로 차별받는다는 것을
어린 마음에 새기게 되었다

그렇게 그 시절의 검정 고무신은
내 첫 번째 삶의 교과서였고,
누군가는 아무 잘못 없이도
세상에게 버림받을 수 있다는 걸
조용히 일러주었다

사랑하는 내 동생아

암것도 아닌 일로
병원에 누워 있는 널 보니
형의 마음이 아프다, 무너진다

얼른 툴툴 털고 일어나
예전처럼
훌쩍, 뛰어다녀야지

하나밖에 없는 내 동생아
이제는 정말,
몸부터 먼저 챙겨야지

모든 걸 다 내려놓고
그동안 단단히 묶여 있던
교회 일도 조금은, 이제는
놓아야 할 시간이란다

꽁꽁 동아줄로 묶였던 마음,
하나씩, 천천히 풀어보자
그래야 숨도 쉬고
빛도 들어오지 않겠니

어제는 산소에 다녀왔단다

조상님들께 간절히, 아주 세게
기도드리고 왔어 제발, 제발
우리 동생 아프지 않게 해달라고

내 소원은 하나뿐. 네가
건강하기만을 바랄 뿐이다
교회도 좋지만 먼저는 너의 몸이,
그리고 가족이 가장 소중하단다

가끔은 가족의 품 안에서
기도해도 괜찮아, 예수님도
분명 그 마음을 아실 거고
기쁘게 웃으실 거야

모든 희망과 용기를
가족 안에서
그리고 네 안에서 찾아야 해

사랑한다
사랑한다,
내 소중한 동생아!

풍금 소리

선생님은 예쁜 손가락으로
선율을 따라
풍금을 연주해 주셨어요

그 소리는
어느 악기보다 곱고,
햇살처럼 따뜻했지요

풍금 소리에 맞춰
우린 목청껏 노래를 불렀어요
"솔~ 미~ 도~"
분단별로 돌림노래를 부르면
웃음이 교실 가득 퍼졌지요

창밖 멀리서
살랑이는 바람과 함께
풍금 소리가 들려오면
나는 구름을 타고
하늘을 나는 상상을 했답니다

지금은 이름도 모를 악기들이
줄지어 서 있지만,
그 시절 풍금 소리처럼

아름다운 음악은
아직 만나본 적이 없어요

지금도 어디선가
그 풍금 소리가 들려올까요?

대한극장

퇴계로 끝자락, 대한극장은
언제나 커다란 간판으로
도시의 시간을 밝혔지

어린이 영화가 없던 시절,
나는 동네 문화극장에서
아버지 손을 잡고
처음으로 본 영화, 외팔이

하늘을 날아다니고
한 손으로 칼을 휘두르던 주인공
그때 나는 그게 진짜인 줄 알았다
마음이, 눈이
모두 스크린 속에 날아갔던 날

청소년이 되어
단체 관람으로 보았던 쿼바디스,
대한극장의 천장은 높았고
화면은 거대했고
그 웅장함은 가슴을 울렸다

그 후론, 가끔 개봉작을 보고,
을지로 어귀에서

안주에 술 한 잔 곁들이며
친구들과 회포를 풀었다

대한극장은 단지 영화관이 아니었다
영화 같은 청춘이 머물던
하나의 풍경이었다

                          -쿼바디스 : "주여 어디로 가시나이까?"

소나기

소설 속 소나기를 처음 만났을 때
가슴은 마구 두근거렸지
어디선가 나타날 것만 같던
작은 손, 따뜻한 소녀의 눈빛,
그리고 젖은 풀내음

갑자기 쏟아진 비에
우산 하나 없이 흙탕길을 달려
처마 밑에 숨었지
멈추지 않는 빗방울 아래,
괜히 엄마가 걱정 날까
비가 원망스럽기도 했어

하지만 어른이 된 지금, 때로는
소나기는 낭만보다 재난이 되어
길을 끊고, 집을 삼키고,
'근심'이라는 이름으로 하늘에서 쏟아진다

그럼에도 가끔은 그런 소나기에
온몸을 맡기고 싶을 때가 있다
속울음처럼 하늘이 쏟아 붓는 날,
그 빗속 어딘가에서
소리 내어, 마음껏 울고 싶을 때도 있다.

머나먼 고향생각

저녁노을 붉게 물든 광나루 언덕
바람에 실려 오는 풀내음 속에
어릴 적 웃음소리가 아른거린다
마냥 즐겁고 그저 행복했는데…

흙 묻은 발로 뛰놀던 몽촌 들판
해질 무렵 엄마의 부름소리,
그리운 것들은 늘 저 멀리서 빛난다

지나간 계절을 품은 강물처럼
가슴 깊이 흐르는 고향
언제나 푸근하고 따뜻한 고향
문득, 오늘도 너를 걷는다.

황금들판

봄날, 물오른 논에
농부의 손길이 씨앗을 심고
여름 내내 땀방울 따라
푸르름은 자라났지요

어느덧 가을 햇살 아래
누렇게 익은 벼 이삭들
들판 가득, 바람에 출렁이며
황금빛 물결이 되었습니다

우리는 빈 병 들고
잠자리와 메뚜기를 쫓으며
해가 지는 줄도 몰랐지만
한낮 볕 아래 선 농부의 그림자는
길고도 깊었겠지요

그리고 어느 날
벼를 베고 난 뒤
고요히 누운 들판마저도
무언가를 품고 있는 듯
포근하게 느껴졌습니다

황금들판, 널따란 그곳엔

땀방울도 추억도
그리고 따뜻한 계절 하나가
조용히 누워 있었지요

2부
우연히 다시 보았네

어머니

바람이 문풍지를 울리던 겨울밤,
지푸라기보다 가벼운 희망 하나 가지시고
다섯 아들 품에 안고
낮엔 땀으로, 밤엔 눈물로
하루하루 꿰매어 내신 분, 어머니

사랑한다는 말, 고맙다는 말
당신은 끝내 듣지 못하셨지요
아버지의 그림자 뒤에서
늘 한 발 뒤로, 물러나 계셨지요

쌀 한 톨 아껴 우리 입에 밥을 얹고,
기워 입은 옷은 언제나 당신 몫이었는데,
우린 그것이 당연한 줄만 알았습니다

장날이면, 막내 손 꼭 잡고 다니시던 어머니
장에선 한숨을 사고,
돌아올 땐 웃음을 챙겨 오셨지요

어머니
당신은 노래 한 줄 부르지 못하셨지만,
우리 삶은 전부 당신의 시였습니다

고된 삶을 입에 꾹 물고도
불평 한마디 없던 어머니
해 뜨기 전부터 일어나
달 지고 나서야 눈 감으시던,
그 숨결, 그 발자국
이제야 우리는 조심스레 따라 써봅니다

어찌 그리 급히 가셨나요…
너무도 일찍 떠나신 그날 이후로
우리 마음엔
허전한 자리 하나가 늘 비어 있습니다

그 자리에, 오늘도
"엄마"를 앉혀 놓고
불러봅니다

들리시나요?
그 이름, 어머니
참 고생 많으셨습니다

그곳은 눈물 없는, 행복한 곳인가요?
언젠가 우리도 그곳에 가게 된다면,
정말 꼭, 꼭, 만나 뵙고 싶습니다

오랜 친구야

우리 참 먼 길을 함께 걸어왔지
웃음도 눈물도 한잔 술에 녹여내며
세월의 굽이굽이마다 서로를
비춰주고 위로하면서 살아왔지

앞으로 남은 길 더 자주 만나자
그 시간이 얼마나 될지 몰라도
바쁜 하루 틈틈이 시간을 나눠
늦은 저녁 오래된 맛집 골목에서

건강이 제일이라던 너의 말
이제야 깊이 와 닿는 요즘
몸도 마음도 아끼며,
서로 챙겨가며 웃는 날들이 더 많았으면 좋겠어

소소한 행복이 가장 큰 기쁨이 되는 나이
우리 그 기쁨 속에 함께 있자
맛있는 것도 찾아다니며,
좋은 날들을 쌓아가자

오랜 친구야,
남은 인생도 함께할 수 있어서
더 고맙고 더 행복하다

진

내게 그리운 바람처럼
잠시 스쳐간 사람

확실히는 모르지만
천천히 사라진 바람소리 같고

그리운 마음이 아롱져 갈 때
문득 떠오르는 얼굴

나와 어울릴 것 같기도 하고
내가 좀 부족했을지도 모를 그런 사람

오래도록 가슴에 머물렀지만,
모든 것이 어느 날 회오리처럼 떠나버렸다

1977. 12

빛이 머무는 자리

어느 날의 여명처럼
천천히, 말없이 다가온
그리움이 있었다
잠결을 깨우는 옅은 빛처럼
가슴 속 오래된 기억 하나가
조용히 숨을 쉬었다

유년의 언덕 위에서
빨갛게 물들던 하늘 아래
작은 발자국을 남기던 그때,
나는 처음으로 '기다림'이라는 말을
빛의 언어로 배웠다

청춘의 바닷가에선
서로의 눈빛 속에 해를 띄우고
파도보다 더 깊은 약속을 나눴지
그 석양의 빛은
한순간이었지만, 영원히 남았다

그리고 지금,
조용한 창가에 앉아
커피보다 먼저 식어가는 햇살을 따라
나는 오늘도 묻는다

빛은 어디서 와서,
언제 다시 머무는가

그저 흘러가는 것이 아니었다
여명도, 석양도
하루를 완성시키는
두 개의 숨결이었다

그리고 그 숨결 사이,
당신이 있었고
내가 있었다
우리의 시간이
빛이 머무는 자리가 되었다

우연히 다시 보았네

검은 치마, 하얀 저고리
까만 댕기머리엔 빨간 리본
분을 바르지 않아도
뽀얗게 빛나던 그 얼굴

멀리서 아지랑이가
아롱아롱 피어오를 때,
작은 광주리 옆구리에 끼고
달래, 냉이, 쑥을 캐던 그 봄 처녀

말을 걸고 싶었지만 차마 부르지 못하고,
고개만 돌려 그저 지나치던 바보
벼르기만 하다 한마디도 못 했던,
순수한 바보였지

언제부터인가
개나리 피고, 진달래 지는 계절에도
그녀는 더 이상 보이지 않았고,
며칠이고 동네를 서성이며
이 골목 저 골목 찾아다녔지만
영영… 그 모습은 사라졌지

지금쯤은 어디선가

잘 살고 있으려나 하며 그리워만 했는데
어느 날 버스를 타고 가다,
정거장에 서 있던 그녀를
우연히 다시 보았네

하지만 어찌할 도리도 없이
버스는 검은 연기를 뿜으며 무심히 떠나가고,
그녀는 점 점 점 멀어져만 갔지

그가 나타나기를

모든 것이 싫어졌습니다
아무도 없는 곳,
나 혼자 있는 넓은 바닷가에 가고 싶습니다

저녁이 저물고,
노을이 서서히 내려갈 때에
그 속에 누군가가 있었습니다
그가 누구인지는 몰라도
내 마음을 어루만져줄 수 있는 사람입니다

그가 내 곁에 오는 날,
모든 것이 순조로울 겁니다
그러나 아직,
그는 내 눈앞에 나타나지 않았습니다

곧 나타나리라 믿습니다
아니, 그렇게라도 믿고 싶습니다
그가 와야만,
사라져버린 나를 다시 존재하게 할 수 있으니까요

지금 나는 존재하지 못합니다
존재한다 해도
나는 나를 느끼지 못할 것입니다

부디 내게 희망을 주십시오
그 희망이 참이든 거짓이든
내 마음속에 남아 있도록 해주십시오

1974. 4

진한 땀방울을 쏟으며

푸르청청한 군복을 입고 보낸 그 여름,
남항선 철길 옆,
이천 원 반찬값조차 귀했던 시절
소련 붕괴부터 수문병 훈련까지
땀과 절은 아이스크림,
그리고 짜장면 한 그릇까지
모두가 생생하다

그 시절 나는,
무의미와 의미 사이를
헤매고 있었다

마음의 씨앗을 뿌리는 듯한
희망 한 조각이
처음으로 내 안에 피어났고,
지금도 그 기적을 기억한다

지금 나는 묻는다
허망한 반복 속에 스러져간 청춘들이
과연 무엇을 얻었는가?
우리는 다시 돌아갈 수 없는 시간 속에서
묻고 또 묻는다

그래도 믿고 싶다
태양 곁의 모든 것이 말라 비틀어져도
내 마음만은 언제나 단단하고
건강한 한 송이 메아리가 되기를…

                              1978. 7. 23

Solitary Man(군중 속의 독백)

나는 혼자였지만, 내 주위는
수많은 소음과 존재들로 가득 차 있었다
그 안에서 나는 무력하게,
소외된 듯 앉아 있을 수밖에 없었다

고개를 돌리니,
밝게 웃으며 손을 흔드는 사람들이 보인다
그들은 친절했고 따뜻했지만,
어딘가 마음 한구석이 스치고 지나가는 허전함이 있었다

레코드 가게 앞 스피커에선 팝송이 흘러나오고,
그 소리에 이끌려 누군가의 기억과
혼자만의 감정에 빠져든다
레코드 가게 유리 창문 너머로
언제나 웃고 있던 그녀는
지금은 보이지 않는다

사람들은 줄을 서고,
자동차들은 멈추고,
나는 움직이지 않는 것만 같다

도시의 모든 것이 나와 멀어지는 느낌
나는 지금,

수많은 존재와 풍경 속에서
더욱 철저히 혼자가 되어가고 있다

그럼에도 나는 내 안의 울림에 귀 기울인다
왜 여기까지 와 있는지,
왜 아직 떠나지 못했는지,
답은 아직 없지만,
알 수 없는 무언가를 상상한다

　　　　　　　　　　　　　　1975. 6

그대는 술

술은, 목마른 영혼이 피워 올리는
한 송이 샘물 같은 꽃

그대 그리움에 취한 밤이면
심장은 천천히 가라앉고
불안하던 숨결은 가만히 뜨거워졌다

어둠 속, 가느다란 실핏줄 따라
붉은 불빛이 번지고
한 방울, 또 한 방울
마치 빗물처럼, 조용히 나를 적셨다

그리움은 지친 날개를 끌고
하늘을 헤매는 철새의 깃털 같고,
그 끝엔 희망이 숨어 있었으며
뜨거운 정열은
말없이 나를 기다리고 있었다

나는 그대를 마시며 살았다
나는 그대에 취한 채
오래도록 혼자 속삭이며 살아왔다

그대, 내 안에서 천천히 데워지는 술처럼

한 잔의 기억으로
오늘도 나를 적신다

나는 너를 마시며 산다
나는 그대에 취하여 산다

1980. 12

그해 겨울, 황산벌에서

78년 11월 1일 입대할 때
왕십리역에서 눈물로 이별하고,
다음해 봄 3월 18일(논산, 여산)
2하사관학교를 마치고
3차부대로 떠나던 날을
잊을 수 없다

눈물과 고통,
참을 수 없던 추위와 외로움
그 모든 것을 견뎌낸
5개월, 19주의 시간

처음엔 호기심으로 견뎠지만
지금은 깨어난 각성으로 돌아본다
아무리 고된 산이 앞을 가로막아도
나는 그 산을 넘을 준비가 되어 있었다

사격장의 긴장,
각개전투의 고통,
한밤중의 팬티 바람 점호,
유격장의 눈물…
그 모든 것들은
결국 내가 아니면

누가 이겨낼 수 있었겠는가

나는 나만이 아닌
보이지 않는 분과 함께 걸었다

그분의 영이 나와 함께하였기에
버티고 이겨낼 수 있었다

150여 명의 전우들과
서로를 북돋우며
용기와 지혜를 나누었다
그리고 알게 되었다

믿음은 결국,
가장 깊은 고통 속에서도 나를
결코 홀로 두지 않았다

1979년 꽃피는 4월

서울운동장

내가 너를 처음 만난 건
어린이대공원이 생기기 전,
어린이날의 북적임 속
처음 보는 그 넓은 운동장 앞에서
나는 숨을 멈춘 듯 입을 다물지 못했지

서울운동장에선 해마다 전국체육대회가 열렸고,
응원의 물결, 함성의 소용돌이 속에서 언젠가는
그 자리에 서고 싶다는 꿈을
조용히 키웠지

고등학생이 되자
야구는 내 마음 한복판을 차지했지
대통령배, 봉황기, 황금사자기…
고향 팀을 향한 응원전은
나를 흥분하게 만들었지

책가방을 메고 찾아간
그 수많은 서울운동장의 나들이
항상 햇살과 함께였지

그러다 프로야구가 태어나고
야구장은 잠실로 옮겨갔다

텅 빈 관중석보다 더 허전했던 건
내 마음 한 켠이었다

사람들은 그곳을 동대문구장이라 불렀고,
주변에는 스포츠용품 상가들이
즐비하게 늘어서 있었지
야구 글러브 하나를 바라보며
긴 시간 서 있던 소년 하나의 눈빛이
아직도 그 골목 어딘가에
남아 있을지도 몰라

그래서일까 지금도 문득
그 시절을 떠올리면 입가에
아주 조용한 미소 하나가 번진다

서울운동장,
넌 단지 운동장이 아니었어
내 유년의 열망과 추억,
그리고 아련한 신기루 같은
말하지 못한 꿈들이
고스란히 묻혀 있는 곳이었지

남산

어릴 적, 남산은 소풍 가던 산이었습니다
남대문 쪽 오르막엔 어린이회관이 있었고
분수대 옆엔 사진 찍어주는 아저씨가 있었지요
흑백 사진 한 장, 그 시절을 꺼내 봅니다

장충체육관 쪽 오솔길엔
컵을 3개 엎어놓고
"돈 놓고 돈 먹기!"
외치던 아저씨들, 아마도 호객행위
원조인 듯. 지금 생각하면
장면 하나하나가 다 추억입니다

정상에 오르면 한강이 흐르고, 북한산이 보이고,
맑은 날엔 남한산성, 인천 앞바다까지
한눈에 들어왔습니다
가을이면 단풍나무가 울긋불긋

그런 남산에 케이블카가 생기고,
타워가 솟아오르면서
조금씩, 자연은 사라지고
낭만은 뒷걸음쳤습니다

발전이라는 이름 아래

순수했던 기억들이
조용히 사라져 버린 게
참 아쉽고 그리워하곤 합니다

세종로

동대문 옆,
전국을 누비던 버스들
시외, 고속 다 모였던 종로의 시작

5가엔 약국들이 즐비했고
라디오에선 보령약국 선전
익숙한 멘트가 흘렀지

3가는 탑골공원,
장기 두는 할아버지들 사이
나는 주간중앙, 선데이서울을
팔던 학생이었지

2가는 입시학원의 거리,
아이들 가르친 과외비 모아
수학의 정석 홍성대 선생님 강의를
들었던 청소년 하나

세종로의 타종식,
통행금지 없는 그 해 마지막 날
새해맞이 보신각 종소리
수많은 인파에 떠밀려
신발을 잃고 맨발로 눈길을 걷던

그 밤이 아직도 선하다

힘들었지만 참 그립다
다시 한 번
그때로 돌아가고 싶은 마음
돌아갈 수만 있으면 얼마나 좋을까

U.S.A

어린 날, 미국은 TV보다 먼저 도착한 나라
흰 밀가루, 노란 옥수수가루,
그리고 학교에서 김이 피어오르던
가마솥 속 옥수수죽

우유는 사치가 아니었고,
초콜릿은 기적이었다
지나가는 미군 트럭을 따라
아이들은 웃으며 달렸고,
"초콜렛!" 외치면
하늘을 가르며 날아오던 달콤함

그때는 몰랐지
그들이 어디서 왔는지도,
왜 그들의 말이 우리 삶에 들어오는지도

청춘엔 물었어
왜 남의 나라 말을 외워야 하느냐고
단어보다 아픔이 먼저 익혀지던 시간들,
그래서 영어는 잠시, 내게 벽이었다

그러나 이제, 그 벽을 넘은 나는 이곳에 있다
낯선 땅이 내 삶이 되고,

온 가족이 함께 웃을 수 있는
또 하나의 고향이 되었다

낮에는 일하고,
밤에는 시를 쓰는 삶
그 누구도 알지 못했던,
나만의 미국, 나만의 이야기

보리밭

언덕 너머 햇살이 부드럽게 쏟아지고
보리밭은 초록빛 파도를 일으킨다
바람이 지나갈 때마다
속삭이듯 몸을 기울이는 이삭들
하늘과 땅 사이 가장 순한 기도

들길을 걷노라면
발끝에 묻어나는 흙냄새,
햇살에 물든 푸른 숨결이
가슴 깊이 파고든다

멀리서 까르륵 웃는 아이들,
한줌 보리를 쥐어보며
무엇이든 될 수 있을 것 같던
그날의 오후가 다시 흐른다

보리밭은 말이 없지만
모든 걸 알고 있는 듯
세상의 상처도, 사람의 그리움도
부드러운 이삭 끝에 달래준다

이 풍경 앞에 서면
나도 모르게 눈을 감게 된다

초록의 바다가 속삭인다
괜찮다고, 살아내느라 애썼다고

통곡의 강

어릴 적엔 억울하면
소리쳐 울 수 있었습니다
매를 맞고도, 엉엉 목 놓아
세상이 알아주기를 바랐습니다

청년이 되어
울음은 가슴 속에서만 맴돌았습니다
꾹꾹 눌러 삼킨 눈물은
말 대신 침묵으로 굳어졌고요

어른이 되어
부모님을 하늘로 보내던 날,
마침내 참지 못하고 통곡했습니다
그날의 울음은 하늘까지 닿았겠지요

그리고 가장이 된 지금,
울고 싶어도 울 수 없습니다
어깨 위의 책임에 눈물을 삼키고,
가슴 한복판엔 말 못 할 응어리만 남습니다

그래서 꿈꿉니다
힘차게 흐르는 저 강물 속으로
내 모든 눈물을 흘려보내는 것을,

마음 놓고 펑펑 울고 싶습니다

그 강물에 마음을 풀어
소리 높여 통곡하고 나면
가슴은 뻥 뚫리고
나는 다시,
가벼운 마음으로
살아갈 수 있을 것 같습니다

돌아오는 계절 가을에

한때 나는
세상의 골목마다 불꽃을 흘리며
사라지듯 살았다

속으로는 조용히 꺼져가던 등불 하나
그 불빛이 나인지, 그림자인지
헷갈릴 즈음

어느 날 머리맡에 검은 그림자가 앉았다
아직은, 아직은
끝이 아니라고 말하고 싶었지만 입술이 무거웠다

그때 잊고 있던 이름들이 가슴을 건드렸다
친구들 그리고 또 하나

가을이 오는 길목에서
나는 다시 떠나련다
마지막 같기도
처음 같기도 한 발걸음으로

낯선 병실의 침묵을 벗고
문학의 불빛 아래 서면
내 오래된 문장 하나가

사람들 앞에 천천히 놓일 것이다

그리운 얼굴들 사이로
혹시나 그님이
조용히 웃으며 다가올까
나는 아무렇지 않은 척
가슴을 숨겨볼 것이다

그리고 다시 돌아오는 길 위에서
나는 비로소 말할 수 있겠지

나,
아직 끝나지 않았다고
이제 겨우
내 봄이 시작된 거라고

간절한 소망

나는 어떻게 해야 합니까?
나를 어찌시려고 이러시나요
나는 어쩌든 어떻게든 사랑으로
튼튼한 탑을 쌓아야 합니다

차라리 잘못되었다고
다시 시작해야 할까요
간절히 원하옵고 원합니다
잘못이라면 달게 벌을 받지요

여기에서 포기는 안 됩니다
여기서 끝날 수는 없습니다
한 번 더 한 번 더 기회를 주세요

애처로웁다고 해도 좋습니다
아니, 바보 같다고 해도 좋습니다

단 한 번만 더 기회를 주십시오
깜깜한 어둠속에 빛을 주십시오

이건 부탁이 아닙니다
간절한 소망입니다

1975. 7

너였기에

잊을 수 없는 건
너였기에 잊을 수 없고
기억하고 있는 건
너이기에 기억하고 있구나

그리운 것은 나
외로운 것도 나

서로 사랑하고
헤어짐이 있는 것은
그것이
모든 인간의 인생이리니

1980. 12

3부
가끔 하늘을 본다

설날 아침에

차례 상을 물리고
막걸리 한 잔에 묵은 시름을 씻어본다
여기는 미국,
머나먼 고향은 눈이 많이 온다는데,
한걸음에 달려 가고파도
갈 수 없는 이 마음

어릴 적엔 까치설날을 손꼽아 기다리곤 했다
엄니 손잡고 따라간 떡 방앗간,
김 모락모락 오르던 가래떡을 덥석 물면,
볼 한가득 오물오물
절로 웃음이 피어나던 그 시절

아침 일찍 차례를 지내고 동네 어귀로 나서면
집집마다 문 두드리며 세배하고,
두둑이 받은 세뱃돈을
친구들과 모여 자랑하던 날들
누가 더 많이 받았나 웃으며 따지던
그 순수했던 경쟁

꽁꽁 언 한강 위에선 팽이 돌리고, 썰매 타며,
연을 하늘 끝까지 띄우던 그 시절 친구들
이젠 가슴 깊숙이 밀려오는

아련한 이름들

보고 싶다
보고 싶다, 친구들아
다시 한 번
그 시절처럼
세뱃돈을 받고 싶구나

방랑시인 김삿갓

바람이 부는 쪽으로
물결이 흐르는 대로
나는 갓 하나 눌러쓰고,
한 점 그림자 되어 걷고 싶었다

해는 내 등을 밀고
달은 발끝에 머물며
밤낮으로 시를 짓는
그길 위의 나그네가 되고 싶었다

그러나 오늘도 나는
도로 위에 묶인 삶을 끌고
창틀 너머 하늘만 훔쳐본다
떠남은 언제나 꿈처럼 멀다

가끔은, 정말 가끔은
내 안에 김삿갓이 깨어난다
시 한 줄 적다 말고
이 생을 털고 일어날 것만 같다

언젠가는, 언젠가
저 하늘 따라 걸을 수 있을까
빈손으로, 빈 마음으로

모든 이름을 벗고 떠날 수 있을까?

미국에서

미국은, 생각보다 훨씬 쉽지 않았다
고국에서 너무 힘들게 버티다
결국 쫓기듯 도착한 이 낯선 땅, 미국
입국심사부터 난관이었다

"How are you?"
예상 못한 질문이었다
실제로 들었을 때, 머릿속이 하얘졌다
그게 그냥 "안녕하세요?"라는 인사였다는 걸
나중에서야 알았다

두 번째 질문, "Why did you come here?"
'Why come' 정도는 겨우 알아듣고
"Visit"(방문)
그랬더니 면접관은 'Business'(사업)로 알아들었는지
끝없이 캐물었다
결국 2차 인터뷰로 넘어가 입국까지 무려 8시간
마치 죄인처럼 다그쳤었고 나는 당황스럽고 황당했다

그 후로는 말 그대로 언어와의 전쟁
이루 말할 수 없는 고생이 이어졌다
새벽 두 시에 일어나
출근 전, 매일 다섯 시간 영어 공부

건축사 면허시험을 준비했고
마침내 Contractor License에 합격했다

그 모든 시간은 눈물 섞인 빵이었다
돈도 떼이고, 끼니도 거르고,
그러면서도 포기하지 않았다

그리고 어느 날 영주권을 손에 쥐고
13년 만에 고국으로 돌아갔다
친구들이 반갑게 달려왔고
하루하루가 선물 같았다
하지만, 먼저 하늘나라로 간 친구들을 떠올리면
가슴 한 켠이 텅 비어왔다

지금은 이 낯선 땅도 조금씩 내 편이 되어주고
이제는 큰 불편 없이 살아가고 있다
그 지나간 시간들이
결국 오늘의 나를 만들었다

소원이 있다면,
자주 고국에 가서 친구들과 하하호호,
옛 추억을 나누고 싶은 것
그저, 그것뿐이다

골프장에서

파아란 잔디, 산뜻한 햇빛
상쾌한 바람, 가벼운 발걸음

잔잔한 바람이
잔디 위를 어루만질 때,
난 조용히 드라이버를 들어 올렸지
허공을 가르는 바람소리

흔들리는 건 마음뿐,
샷은 곧게
그린 가까이에서 멈춰선 공처럼
잠잠한 퍼팅 홀컵으로 쏘옥

함께 걷는 그 사람은
비록 두 타 앞섰지만
웃음소리는
같은 타수로 울렸네

환장하겠네

쌓인 일은 산더미인데
몸은 말을 안 듣고
마음은 이리저리 갈팡질팡

해야 할 건 많은데
어디서부터 손을 대야 할지
도무지 앞뒤가 안 보인다

이 와중에 한가한 사람은
별것도 아닌 일을 자꾸 재촉한다

지금 중요한 게 뭔지
세상이 다 거꾸로 돌아가는 것 같고
도대체 어디서부터 꼬였는지 모르겠다
설상가상 머리까지 지끈지끈 터질 것만 같다

도대체 이 일들은 어디서부터
어떻게 풀어야 하나
정말이지 환장하겠다

아무래도
처음부터 다시 돌아가야겠다

때론 잠시 쉬어가는

오늘은 아무것도 하지 않기로 했다

일도 미뤄두고 생각도 내려놓고
전화도 잠시 꺼둔 채

그냥 창밖 나무만 바라보며
햇살 한 줌 들이켜고
멍하니 숨만 쉬어본다

세상은 여전히 바쁘지만
나는 지금 이 자리에서 가만히 멈춘다

해야 할 일은 많아도
하지 않아도 되는 순간이
하나쯤은 꼭 있어야 하니까

몸이 보내는 신호,
마음이 들려주는 작은 울림에
이제는 조용히 귀 기울여 본다

삶이 꼭 앞으로만 나아갈 필요는 없으니까

가끔은 이렇게 하늘을 올려다보자

가끔 하늘을 본다

가끔, 하늘을 본다
속상할 때
마음이 조용히 부서질 때
문득 오래된 웃음소리가 그리울 때

이름도 흐릿해진 친구들의 얼굴이
가슴 한 켠을 다정히 두드릴 때
나는 하늘을 올려다본다

저 높고 낮은 구름 사이,
그 속에 우리가 함께 놀던 골목이 있을까
아무 걱정 없던 오후의 냄새가 숨어 있을까
기억 저편에서 아직도 웃고 있는
그 시절의 내가 있을까

하늘은 아무 말 없지만
나는 안다
그 모든 것이 그 안에 고요히 있다는 걸
그리고 오늘도, 그리움은
하늘을 닮아
끝없이 펼쳐진다

사랑하는 아들아

새벽의 숨결 속에
너는 우리에게 왔단다
세상에서 가장 조심스런 기적으로,
작은 손, 따뜻한 울음으로

그날 아침,
세상을 다 가진 듯 설레었지
회사가 아닌,
온 세상에 너를 자랑하고 싶었는데
시간이 왜 그리 느리던지

출근길,
먼저 도착한 자리에서
동료들의 얼굴만 기다리며
너를 얘기할 그 순간을
마음속으로 몇 번이고 연습했단다

그렇게 너는 자라 주었지
세상 어떤 아이보다도 씩씩하게
넘어지면 다시 일어나고
웃으며 내게 달려오던 너
참 고맙고, 또 고맙다

어느덧 입대하던 날,
영천의 하늘은
어찌 그리 맑던지
건물 뒤편, 아무도 없는 곳에서
소리 없이 무너진 내 마음은
바람에게만 들렸겠지

전쟁터는 아니지만
네가 없는 하루가 시작된다는 게
왜 그렇게 아프던지…

우리가 미국으로 떠나던 날
너의 뒷모습은
지금도 눈에 선하다
울고 또 울고,
그렇게 며칠을 멍하니 지내며
너 없는 집을 견뎠지

그러다 너는 우리 곁으로 다시 와 주었고,
같은 땅에서, 같은 하늘 아래서
다시 가족이 모여서 살게 되고

지금 너는 가슴으로 쌓아 올린 꿈을

하나하나 이루어 가고 있고,
나는 그런 너를
한없이 자랑스러워하며 지켜본다

이제 바라는 건 하나
너의 곁에 따뜻한 사랑이 깃들고
너만의 가정을 꾸려
작은 웃음과 온기가 넘치는
하루하루를 살게 되길

그게 아빠, 엄마의
가장 큰 소원이란다

사랑한다, 우리 아들
언제까지나

가을이 간다

여름은 왜 그리 길었을까요
그 여름, 왜 그토록 지치고 힘들었을까요
짧고 시원한 여름을 바랐건만
숨 가쁘게 지나간 계절

님이여, 오는 듯 머무는 듯
그리도 망설이시더니
어찌 그리 조용히 떠나려 하십니까

단풍잎 붉게 물든 길
단풍꽃잎 밟으며
쪼끔만 더 머물다 가시옵소서

청산은 불꽃처럼 타오르고
하늘은 푸르고 높기만 한데
왜 이토록 성급히 가시려 하나요

부디, 가다가 가다가 겨울을 만나거든
흰 눈은 소복이 오라 전해주시고
꽁꽁 언 바람과 눈보라는 오지 말라 전해주세요

조금만, 조금만 천천히
쉬엄쉬엄 오라고요

가족의 힘

끝없이 펼쳐진
Palm Springs 향하는 먼 길,
견적 하나 받으려는 여정이
왠지 모르게 특별했던 건
출발부터 아들이
조용히 운전대를 잡았기 때문이다

아내도 말없이 옆자리에 앉아주었다
가는 내내
두 사람의 웃음이 앞자리에 흐르고
나는 뒷자리에서
작은 미소를 지었다
그 순간,
내 마음에도 햇살이 스며들었다

돌아오는 길,
Orange City의 한 식당,
소박한 점심이 더없이 고마웠다
계산하려는 내 손을
아들이 조용히 막으며 말한다
"오늘은 제가 계산할게요."

곧 다가올 설날

설맞이 장을 보던 중,
아내가 미소를 띠며
계산대를 향해 먼저 나선다.
"오늘은 내가 계산할게요."

잠시 후, Costco에 들러
가득 담긴 장바구니 앞에서
이번엔 내가 지갑을 꺼내려던 찰나,
아들이 다시 나선다
"이것도 제 몫으로 해 주세요."

그 순간, 가슴 속 깊이에서 울림이 왔다
이런 평범한 하루가
이토록 벅찬 감동이 되는 건,
우리가 '가족'이기 때문이라는 것

내게는 천군만마도 부럽지 않은
든든한 울타리
서로를 먼저 생각하고
먼저 손을 내미는 마음
그것이 우리가족의 힘이다

그래,

우리 가족은
참으로 따뜻하고 든든하다
우리 가족, 화이팅
앞으로의 모든 날이
더 밝게, 더 힘차게 흐를 것이다

그리고 나는 믿는다
미래는,
우리 가족의 세상일 거라는 것을

안개 속의 하늘

안개 자욱한 새벽,
나는 발끝조차 보이지 않는
고요한 혼란 속을 걸었습니다

방향도 없이
희미한 그림자만 따라
헤매이던 그 시간

어느 순간,
햇살 한 줄기
안개를 조용히 밀어내고,
드디어,
눈부신 하늘이 열렸습니다

푸르디푸른 그 하늘은
말없이 내 가슴을 열고
한 줌의 빛으로
지친 마음을 토닥였습니다

나는 오늘도
그 하늘을 기다립니다
슬픔을 말갛게 씻어주는
빛의 창문 하나를

호젓한 오솔길

가끔은 혼자이고 싶을 때가 있다
세상의 소음에서 잠시 멀어지고 싶은 날이면
나는 조용히 오솔길을 찾는다

풀잎은 바람결에 가볍게 인사하고
야생화는 이름조차 모른 채 피어
내 걸음을 부드럽게 맞아준다

고개를 들면 나뭇가지 사이로 흩어지는 햇살이
마치 말없이 등을 어루만지듯
내 마음의 그림자를 지워버린다

이 길은 가파르지 않다
숨이 차지도 않는다
끝도 없고, 끝을 몰라도 괜찮은 길

걷다 보면 모든 근심은 저만치 물러나고
나의 안쪽에서
고요한 나 자신이 걸어 나온다

그저 걷는 것만으로도 충분한 길
아름다운 추억만 생각하는 길
그것이, 나의 오솔길이다

석양과 노을

석양이 뉘엿뉘엿
산 너머로 걸어가면,
노을이 따라 나와
하늘 가득 물들입니다

석양은 말없이 지고,
노을은 그 뒤를 감싸 안듯 퍼집니다

하루가 끝나는 풍경은
늘 그렇게 둘이 함께입니다

하나는 사라짐이고,
다른 하나는 남겨짐입니다

석양은 자신을 거두며
세상에 조용한 인사를 남기고,
노을은 그 작별을 빛으로 번역해
사람들 마음에 따뜻함을 남깁니다

그렇게 오늘도
하늘은
이별과 위로를 함께 보여줍니다

해바라기

하루 종일 해만 바라보다가
저녁이면 수줍어 고개를 숙이는
한 송이 해바라기

커다란 키로 바람을 다 이기지 못해
이리저리 몸을 맡기고
그 속에서도
해를 잃지 않으려 애쓰는 마음

노란 꽃잎을 한 잎, 두 잎
흩날리듯 내어주며
해사하게 얼굴을 단장하는 너는

기다림이 무엇인지
말하지 않아도 아는 꽃
사랑을 품은 채
늘 같은 곳을 바라보는

해바라기
어쩌면 가장 아름다운
하루의 끝을 닮은 이름이겠지

잊지 못하는 얼굴

희미한 뽀얀 조명불이
노을처럼 너를 비추고,

무표정으로
말없이 바라보던
긴 머리의 얼굴

향긋한 머리카락
내 마음 휘감아
동그랗게 원을 그리고,

내 가슴 가득 넘쳐
벅차오르며 어쩔 수 없이
뜨거운 눈물 한 방울 떨어졌다

양 볼에 진한 땀이 맺히고,
얼굴이 열기로 오르며
나는 깨닫는다

아, 잊을 수 없는 짧은 밤
다시 돌아올 수 없는 밤
다시 구할 수 없는 밤

따뜻한 하루

창문 틈으로 스며든 햇살이 참 고맙고 따뜻하다

그저 그런 하루였는데
문득 차 한 잔이 좋고
걷는 발걸음이 가볍고
어제보다 마음이 조금 덜 무거운 날

아무 일이 없어도 그런 하루가 참 고맙다

세월이 뛰어간다

예전엔 황소걸음 같던 세월이
이젠 바람처럼 훌쩍, 뛰어간다

전화 없던 시절엔 하루가 길었고
삐삐가 울리던 때부터
세상이 빨라졌다

휴대폰이 생기고
인터넷이 번쩍이며
시간은 점점 더
숨 가쁘게 흘러간다

이젠 하루가 멀다 하고
모든 게 바뀌는 세상

세월아,
제발 작작 좀 가자
잠시만,
숨 좀 돌리자

개울가

길동, 몽촌 논둥길에
풀숲을 헤치면 나오는
작은 개울 하나
우리의 놀이터였지

장마가 오면
개울물은 금세 불어나
흙탕물 소용돌이치며
큰 강처럼 으르렁댔어

물이 빠지면
족대 들고 텀벙텀벙
피래미, 미꾸리 잡으며
웃음꽃이 피었지

젖은 바지, 맨발,
햇살 가득한 오후
그날들은 꾸밈없던
순수 그 자체였지

지금도 문득
개울 소리가 들리면
그 여름, 그 웃음소리
가슴속에 반짝인다

해오라기

낮에는 가고 싶어도 갈 수 없어
늘 어두운 밤에만 날아다니는 새

이름처럼 아름답고 고운 모습이지만
한 번도 스스로를 드러내지 못하고

고요한 강가 그림자 속에서
먹이를 찾아 떠돌고

짝을 찾아도 말을 못하고
외로움조차 표현하지 못한 채

어디서든 눈에 띄지 않고
늘 뒷모습으로만
하늘을 견뎌내는 새

무엇이 그리 편치 않은지
그 삶은 마치
누군가의 인생처럼
늘 조용히 울고 있다

4부
한 걸음 덜 가자

한 걸음 덜 가자

길은 늘 멀다고만 생각했는데,
앞만 보고 달렸지 돌아볼 틈도 없이,
지나친 풍경과 사람들 틈에서
나는 점점 작아졌고

이제는 한 걸음 덜 가자
빨라야 닿는 것이 아니라
천천히 걸어야 보이는 게 있다

풀잎 하나 흔드는 바람의 감촉
모퉁이 어귀의 햇살 한줌도
늦게 떠난 새가 남긴 여운까지
다 나의 삶이었다는 걸
이제서야 깨닫는다

부지런한 발자국보다
머문 자리에 피어난 꽃이
더 오래 기억되는 것처럼
나도 그렇게 남고 싶다

한 걸음 덜 가자
오늘은 나를 위해 걷자

하얀 나비

짙은 꽃내음
무색 시냇물
검은 바위들
옥빛 푸른 하늘

꽃향기 속으로
깊이깊이 스며드는
내 마음의
하얀 나비

벗을 찾아
영혼을 찾아서
별빛 타고
날아온 하얀 나비

밤새 내린 이슬을
모두 나래에 담은 채
그리움의 나라에서 날아온
하얀 나비 한 마리

사랑

화려하지 않아도 좋다
외람되지 않아도 좋다
보는 것만으로도 좋다

당신과 내가 갖는 따뜻한 연민
나는 늘 손뼉을 크게 치며, 당신의 두 눈 속에서
헤엄치며 노는 기쁨을 찾고 싶다

눈을 크게 뜨지 않아도
환하게 보이는 것은,
당신 마음과 내 마음이 항상 함께 있기 때문이다

나는 늘 부족한 언어로 혼자 웃으며
속속들이 내어주고도 즐겁게 살고 싶다
그대 정녕 원하는 것은 무엇일까?

이 세상 추운 날 하루도 없이
항상 온기를 품고 살 수 있다면
그것만으로도 눈물겹게 감사하다

만일 우리도 꽃과 같이 빛과 어둠을 먹고사는
별이 될 수 있다면, 그때 우리 모두 가까운 곳에서
서로 마주보며 기쁜 노래를 부르자

바람 부는 날에

잔잔한 물결처럼 피부에 다다르다
머나먼 고향생각 먼 옛날 동무 생각
바람이 살랑살랑 불어온다

마음을 적시는 비바람은
자신도 방향을 정하지 못한다
인생, 너무 무겁게 살고 싶지 않다

바람 부는 날을 위하여,
나는 하모니카를 불며
서서 노래를 부른다

시

세월이 흐른 덕분에
마음 졸이지 않고
애간장 태우지 않으며
시가 한 편, 두 편
조용히 마음에 피어납니다

언젠가 마음 한 켠에
먼지만 쌓여가던 언어들
삶에 찌들어 숨조차 쉬지 못하던 감정들이
마음뿐 다가가지도 못했는데
이제는 다시
종이 위에 꽃을 피웁니다

한 줄 적을 때마다
나는 나를 다시 만나는 기쁨을 느끼고
어느새 시 한 편이
내 삶을 부자로 만들어주네요

돈이 아닌 마음의 부,
소유가 아닌 표현의 자유,
그렇게 나는
잃어버렸던 나의 언어를 되찾고

행복이 행복이
조용히 손을 잡아옵니다

오늘도 시를 쓰는 나,
어제보다 조금 더 충만한 나,
그렇게 시와 함께
나는 다시 살아갑니다

더도 말고 이렇게라도
시를 쓸 수만 있다면,
이 세상을 다 가진 것만큼이나 행복합니다

술, 나의 오래된 친구

이젠 함께할 친구도
마음도 예전 같지 않아
잔을 채우기보다,
그리움을 채우는 밤이 많아졌지

그래도 가끔
비 오는 날이나
추억이 문을 두드릴 때면
너를 천천히 따라내곤 해

그때의 나처럼
조금 서툴고
조금 뜨거운 감정들이
잔잔히 올라오면
나는 다시 한 번
너와 함께 걷는다

과거를 데우고,
현재를 씻고,
미래를 다독이며
한 모금씩 나를 마시는 일

너는 더 이상

도피처가 아니고,
외로움의 위안만도 아니야

이제 너는
추억의 한 줄기,
인생의 쉼표,
그리고 오래된 나의 한 조각

술이여,
앞으로도 그렇게
멀지도, 가깝지도 않게
가끔 나를 찾아오라

마치 친구처럼
아내처럼
내 삶의 곁에 조용히 머물러주라

추억 위에 짓는 집

처음엔 그저 그저
바람 한 줌이었다

손바닥에
작은 꿈 하나 얹고
하늘을 바라보았다

그러던 내가
벽을 세우고
시를 새기고
빛을 담아 집을 지었다

세상 위에
기억 위에
나라는 이름으로…

그대가 보고 싶어요

자주 보고 싶다는 마음이
달처럼 매일 떠올라
구름 사이로 슬며시 얼굴을 내밉니다

작은 화면 속 너는
멀리 있지만 가까운 듯,
가까이 있지만 더 간절한 듯

하루의 끝마다
기억은 너를 향해 걷고,
생각은 네 이름으로 멈춰섭니다

언제나 하나에 담긴 내 마음은
그저 숫자가 아닌 그리움,
그리움이 만든 작은 약속

오늘도 너를
자주 보고 싶은 마음 하나로
나는 하루를 다시 시작합니다

술에 대하여

젊은 날,
밤하늘보다 깊은 속마음을
한 잔에 담아 마시던 너

웃음 속에 녹아 있던 위로,
슬픔마저 씻어내던 따뜻한 불빛
친구와 부딪히는 잔속에
우정이 피어나고
때로는 울컥한 감정도
네 안에서 터져 나왔지

너는 내가 말하지 못한 말
버티지 못한 순간을
조용히 안아주던 친구였고
싸움 끝의 침묵에도
묵묵히 남아 있던 증인이었어

그렇게 매일 마주하던 네가
이제는 자주 그립지 않은 게
왠지 조금은 서글퍼

하지만 여전히
넌 나의 오래된 친구

언제든 마음이 허전할 때
말없이 곁에 있어줄 아내처럼
따뜻하고 익숙한 이름이야

술이여,
더는 자주 마시지 못해도
내 마음 한 켠엔
늘 그리운 벗으로 살아 있으리라

시는 노래를 낳고, 노래는 사랑을 만든다

조용히 흘려보낸
혼잣말 같은 낙서들이
어느 날 문득 떠올라
가슴을 적시는 시가 되었네

라디오에서 흐르던 오래된 멜로디
그 가사 속 누군가의 마음이
내 마음 같아서,
달빛조차 머물지 않던 밤,
홀로 눈물지은 적도 있었지

말로 다 할 수 없던 외로움은
글이 되고, 노래가 되어
내 안에 조용히 숨 쉬었어
그땐 몰랐지,
그 모든 것이 사랑이었다는 걸

지금은 그 기억들이
조금은 따스한 미소로 다가오고,
이제라도 천천히—
다시, 순수한 마음으로
글을 쓰고, 노래를 부르고 싶다

시는 노래를 낳고,
노래는 사랑을 만들고,
그 사랑은 결국
나를 또 한 편의 시로 피워내네

괜찮다고 웃었지만

오늘 무심코 받은 건강검진
"뇌종양이 있어요."
의사의 말은 조용했지만,
그 한마디가 머릿속에 오래 울렸다

껄껄 웃으며
"어때요, 심각한가요?"
농담처럼 넘겼지만
"다행히 악성은 아니에요.
2주 후 정밀검사 다시 해요."
그 말의 끝이
묘하게 길게 남았다

집에 돌아와
검색 창에 손을 얹고 나서야 알았다
이건 감기처럼 스쳐갈 일이 아니다
나는 아무렇지 않은 척했지만,
사실은
점점 슬퍼지고 있었다

며칠 전엔
'꽃상여'라는 시를 썼는데,
죽음을 소풍처럼 부르고

허공에 장난처럼 띄운 글
그런데 오늘은,
그 꽃상여에
정말 내가 탈지도 모르겠다는
막연한 두려움이
불현듯 가슴을 눌러왔다

아마 오늘 밤엔
그런 꿈을 꿀 것만 같다
어디론가 조용히 떠나는 꿈
아무도 손잡아주지 않는 길

그래도 말이야,
정말 소풍을 가게 된다 해도
시집 한 권쯤은
반듯하게 마무리하고 가고 싶다

내가 살아낸 여명의 시간들과
손끝에 닿았던 석양의 노을빛을
사람들 마음속에
작은 시 한 줄로 남기고 싶다

그게 마지막이라 해도

꾹꾹 눌러 쓴 내 말들 속에
나는 조금 더 오래,
오래도록 따뜻하게
머무를 수 있을 테니까

차라리 꿈이었으면…
꼬집어보니, 아프다

나에게 진한 위로

당신의 태양은 아직 뜨겁고,
당신의 시는 이제 막 피기 시작했으며,
삶은 당신을 한 번도 포기한 적 없습니다

조금 무서워도 괜찮습니다
조금 두려워도 괜찮습니다
왜냐하면 당신은, 이미 충분히 빛나고 있으니까요

그리고 좀 더 성숙하게
태어날 거니까

오늘은 조금은 무거운 날

가만히 있어도
마음이 자꾸 내려앉는다
하늘은 그대로인데
내 안의 구름은 그치지 않는다

누구 하나 손을 내밀지 않아도
나는 스스로를 꼭 안아야 한다

어제의 한마디
"종양이 있어요."
그 말이 아직 내 귓가에서 떠나지 않는다

괜찮다고 말해도
괜찮지 않다는 걸
나는 가장 잘 안다

그럼에도 오늘을 버티고,
내일을 기다려본다.
한 며칠은 이렇게 보내려나

언젠가 이 마음도 노을처럼 물들어
고요히 사라지길 바라면서
또다시 기운을 차려 보자

슬픈 것은

문득 생각나는 것은 당신 탓이 아니다
면도날처럼 분명하게 자르지 못하는
내 마음 탓이다

해가 갈수록 자꾸 생각나는 것은
마치 생각나지 않는 것처럼
큰소리쳐버린 나의 허세 때문이다

미쳐 날뛰고 나서지 못하는 것은
게을러서가 아니라 슬픈 사랑만큼
내가 순수하지 못해서이다

진실로 애달픈 것은 그대 생각하는 것이 아니라,
생각조차도 당신 앞에 나서지 못하는
바로 맑고 깨끗한 나의 슬픔이다

왜 나일까

예전엔
삶에 대해서
의연하다고 믿었다
언젠가는 생을 마무리 한다 해도

누구나 가는 길,
조용히 떠나면 되는 일이라
그렇게 생각했었다

그런데
막상 그 그림자가 나에게
다가올 줄은 꿈에도 몰랐다
내 이름을 불러올 줄은
정말로 몰랐다

"왜 나일까."

수없이 다짐했던 평정은
허물처럼 벗겨지고,
두려움은
심장보다 먼저
손끝으로 밀려왔다

나는 아직
해야 할 일이 많은데,
쓰지 못한 시가 남았고
지워지지 않은 사랑도 있는데

밤이 깊어질수록
병마란 두 글자가
더 크게 울리고,
몸보다
마음이 더 떨린다

그럼에도
나는 쓰고 싶다
끝을 앞둔 이 마음마저,
한 편의 시로 남기고 싶다

설령 내가 사라진 뒤에도
누군가가 이 시를
읽어주기를 바라며…

홍랑

기생이었습니다
꽃으로 태어났으나 늘 바람을 품어야 했고
웃음 아래 깊은 슬픔을 숨겨야 했던
그런 시대의 여인이었습니다

사랑했습니다
세상과 맞서야 하는 이름
벼슬길에 오르던 젊은 선비
시인 최경창
그의 시를, 그의 눈빛을
시로 서로 주고받고
그리고 그가 불러준 이름 하나로
살아갈 이유를 품었습니다

그러나 사랑은 언제나
떠남으로부터 시작되곤 했지요
그가 한양으로 떠난 뒤
병들었다는 소식을 들었을 때
그녀는 망설이지 않았습니다

법을 어기며
기생 신분으로 감히 성문을 넘고
칠일 밤낮을 걸어

그가 누운 병상 곁에 도착했습니다

병간호를 했습니다
밤을 지새우고, 눈을 감고
숨결을 대신 불어넣듯
그리고
그는 다시 깨어났고
그녀는 돌아서야 했습니다

시를 인편으로 주고받고 한참 후
그가 세상을 떠났다는 소식이
불어온 바람처럼 스쳐 지나갔을 때
홍랑은 모든 것을 팽개치고
그의 무덤 곁에 조용히 앉았습니다

삼 년
그 무덤 옆에 머물렀습니다
울지 않았고, 원망하지 않았습니다
그의 시를 지켰습니다
임진왜란이 세상을 무너뜨릴 때조차
그녀는 그의 글을 품에 안고
피난길에 올랐습니다

문중은 마침내 그녀를 인정해
'홍랑'이라 불렀고
그녀의 사랑을 '기억'이라 여겼습니다

죽은 뒤엔 문중에선
그의 무덤 옆에 묻었습니다
그리하여 지금도
파주에 있는 최씨 선산엔
세 무덤이 나란히 누워 있습니다
말없이
끝내 함께

기적은

"기적은 하늘을 날거나
바다 위를 걷는 것이 아니라
땅에서 걸어 다니는 것이다."

중국 속담처럼,
나는 오늘도 걷는다
아프지 않은 다리로
숨이 벅차지 않는 아침으로

남들이 겪는 고통이
내게도 올 수 있다는 걸
문득, 깨달았을 때

내가 가진 것이
얼마나 큰 기적인지
조용히 알게 된다

건강이란,
보이지 않는 가장 큰 축복
건강하면 다 가진 것이다

물안개

넓은 호숫가 위로
뽀얀 물안개가 피어오른다

천천히 번져가며
한 폭의 수채화를 그려낸다

자그마한 배 한 척
안개 속으로 스며들다
이윽고 사라진다

동트기 전의 고요
물안개는 그 자체만으로도
아름다움이다

우리는 오늘도
알 수 없는 안개 속을
누군가를 찾아
조용히 헤매이고 있다

작품해설

하늘은 이별과 위로를 함께 보여준다
-김형각 시인론

김흥기(시인)

    시인 김형각은 1998년 미국으로 이민, 건축사 자격증(Contractor License)을 취득하여 현재 미국 캘리포니아 가든그로브에서 종합건설회사를 경영하고 있다.

    시란 "마음속에 떠오르는 느낌을 운율 있는 언어로 압축하여 표현하는 글이다"라는 사전적 의미를 실천에 옮기는 데, 꽤 오랜 시간이 걸렸음을 고백합니다. 시문학은 다양하고 긴 역사를 가지고 있으며, 세계적으로 창의성을 발휘하며 지속적으로 발전해 왔습니다. 그리스어에서 유래한 언어의 마술사인 시인(Poet)은 언어의 본질적, 표현적 그리고 실용적 특성의 진화에 기여해 온 것을 잘 알고 있습니다. 시인 본연의 사명과 본분을 게을리 하지 않겠습니다.

    김형각 시인이 〈사랑〉 외 4편으로 시 부문 신인문학상을 받고 등단한 문학바탕(2025년 1월호)에 발표한 당선 소감이다. 김 시인은 늦은 나이에 작가의 길을 걷게 해준

심사위원들께 진심으로 감사함을 전하며, 더 좋은 작품을 통해 보답할 것을 마음속에 깊이 새기고 창작 활동에 더욱 전념하겠다는 각오를 밝혔다.

"대체로 우리는 아픔에 대해 부정적인 생각을 가지고 있다. 그러나 우리 몸 어딘가가 썩어들어 가는데도 아프지 않다면 이보다 더 난처한 일이 있을까? 문제는 우리의 아픔에 있는 것이 아니라, 우리를 아프게 하는 것들에 있다. 오히려 아픔은 '살아 있음'의 징조이며, '살아야겠음'의 경보라고나 할 것이다.

정신의 아픔은 육체의 아픔에 비해 잘 감지되지 않기 때문에, 우리의 정신은 병들어 있으면서도 알아채지 못하는 경우가 많다. 정신의 아픔, 그것만 해도 다행이 아닐 수 없다. 자신이 병들어 있음을 아는 것은 치유가 아니라 할지라도 치유의 첫 단계일 수는 있기 때문이다. 그러나 우리가 아픔만을 강조하게 되면 그 아픔을 가져오게 한 것들을 은폐하거나 신비화하게 될지도 모른다.

우리가 이 세상에서 자신을 속이지 않고 얻을 수 있는 하나의 진실은 우리가 지금 '아프다'는 사실이다."

오래 전에 발간된 이성복의 시집 『뒹구는 돌은 언제 잠깨는가』에 쓰여진 시인의 산문을 다소 길게 인용한 것은 이 발언이 김형각 시에 대한 여러 면모들과 그의 문학적 특성을 이해하는 데 많은 도움을 줄 수 있으리라 생각되기 때문이다. 이제 아픔의 그 어떤 모습도 감추지 않고 솔직하게 고백하는 우리 시대의 새로운 한 시인을 그의 시를 중심으로 소개한다.

1. 예쁜 꽃들이 바람에 흔들릴 때면

언젠가 나도 그 위에 누워있겠지
한 아름의 꽃에 싸여,
이 세상 마지막 소풍을 떠나겠지

그땐 누군가 나를 보고 뭐라 할까?
예뻤다. 그리고 이제는 알겠다고,
사랑한다고 속삭여주기를
삶이란 덧없고, 인생무상이라고
-〈꽃상여〉 중에서

우리 삶의 시작이 우리 아픔의 시작이며, 우리 의식의 시작인 것이다. '사랑하는 내 동생아' "암것도 아닌 일로 / 병원에 누워있는 널 보니 / 형의 마음이 아프다, 무너진다 // 얼른 툴툴 털고 일어나 / 예전처럼 / 훌쩍 뛰어다녀야지 // 하나밖에 없는 내 동생아 / 이제는 정말, / 몸부터 먼저 챙겨야지"

그토록 그의 마음을 사로잡았던 아픔, 혹은 아프게 하는 것들은 비교적 긴밀한 이미지의 연결에도 불구하고 외견상 대단히 빠른 속도로 용해되어 그 정체를 쉽게 드러내지 않는다.

전깃불 하나 없던 밤,
짙은 어둠이 무서움 되어
이불 속 작게 떨던 내게
희미한 새벽 안개꽃은

세상에서 가장 따뜻한 약속이었다
-〈여명〉 중에서

그럼에도 나는 내 안의 울림에 귀 기울인다
왜 여기까지 와 있는지,
왜 아직 떠나지 못했는지,
답은 아직 없지만,
알 수 없는 무언가를 상상한다
-〈Solitary man〉 중에서

그러나 그의 아픔은 머물러 흔들릴 새 없이 빠른 속도로 융화되어 갔다. 그토록 그의 마음 중심에 있었던 아픔, 혹은 아프게 하는 것들은 비교적 쉽고 긴밀한 연상에도 불구하고 외견상 본심의 그림자를 쉽게 볼 수가 없다.

2. 언젠가 우리도 그 길을 가게 된다면

유년 시절의 아버지는 늘 무서운 존재였다. 어머니는 늘 복종뿐이셨다. 그러나 가족은 그에게 늘 큰 힘이 되었다. 해마다 꽃은 같이 피지만, 해마다 사람은 같지 않다. 연륜이 모든 것들을 빼앗아 간다. 심지어는 마음까지도. 잔잔한 삶의 바닷속에 있는 바위 언저리에 차오르는 조수처럼 세월이 기어오르는 것을 시인은 인식하고 있었다.

청년 시절,
기와집 꼭대기에 올라 호령하시던 당신

상냥식 대목수, 당당한 그 모습은
세상에서 가장 높은 곳에
아버지가 계신 것 같았습니다
-〈아버지〉 중에서

들리시나요?
그 이름, 어머니
참 고생 많으셨습니다

그곳은 눈물 없는, 행복한 곳인가요?
언젠가 우리도 그곳에 가게 된다면,
정말 꼭, 꼭, 만나 뵙고 싶습니다
-〈어머니〉 중에서

 어머니는 구원의 표상이다. 어머니는 사랑의 화신이며 고난으로부터 우리를 지켜주고 언제까지나 희생을 감수하고 기다려준다. 그것은 유토피아의 환상이다. 그러나 그의 앞에 세상은 여전히 아픔으로 남아 있음을 말한다. 아픔을 치유하리라는 전제로서의 원형 파괴를 완전히 신뢰할 수 없을 때 돌아가 구원을 받을 여백을 남겨 두어야 하는 것이다. 그러나 어머니는 지금 존재하지 않는다. 그를 구원할 수 있었던 어머니는 그의 어릴 적 유년 시절과 함께 상실되었다.

이제 바라는 건 하나
너의 곁에 따뜻한 사랑이 깃들고
너만의 가정을 꾸려

작은 웃음과 온기가 넘치는
하루하루를 살게 되길
-〈사랑하는 아들아〉 중에서

그 순간, 가슴 속 깊이에서 울림이 왔다
이런 평범한 하루가
이토록 벅찬 감동이 되는 건,
우리가 '가족'이기 때문이라는 것
-〈가족의 힘〉 중에서

아들이 생각하는 아버지, 어머니, 식구들 그리고 아버지 아들의 아들, 시인이 회상하는 가족들이 겪은 가난은 이 땅의 주인이면서 식민지 백성처럼 고통스럽게 살아야 하는 가난한 도시의 삶을 회고하고 있다. 이것은 1970년대 급속한 산업화, 현대화의 그늘 속에서 필연적인 부산물로 큰 모순을 지니고 있다. 그리하여 때로는 도시의 삶을 지향하지만 가난과 고통은 여전히 우리들의 주위를 떠나지 않고 삶의 여러 가지 힘겨운 체험 속에서 고통과 좌절을 맛보게 한다.

청춘 시절엔
그 안식처를 찾아
삼만 리를 떠돌았다

결혼 후엔
내가 누군가의 안식처가 되어야 한다는
무거운 강박 속에서 살았다

그리고 지금 문득 깨닫는다
세상 어디에도 진정한 안식처는
쉽게 주어지지 않는다는 걸
-〈안식처〉 중에서

"낮에는 가고 싶어도 갈 수 없어 / 늘 어두운 밤에만 날아다니는 새 // 이름처럼 아름답고 고운 모습이지만 / 한 번도 스스로를 드러내지 못하고 // 고요한 강가 그림자 속에서 / 먹이를 찾아 떠돌고 // 짝을 찾아도 말을 못하고 / 외로움조차 표현하지 못한 채 // 어디서든 눈에 띄지 않고 / 늘 뒷 모습만 / 하늘을 견디는 새 // 무엇이 그리 편치 않은지 / 그 삶은 마치 / 누군가의 인생처럼 / 늘 조용히 웃고 있다"

시 〈해오라기〉는 작가의 심정을 오롯이 나타내고 있다.

3. 아카시아 꽃 아래에서

단테는 『신곡』「지옥」편에서 '행복했던 날을 그리워하는 것보다 더 큰 고통은 없다'라고 했지만, 지난 추억을 즐기는 것은 결국 인생을 두 번 사는 것이다. 행복은 과거에 있었던 일들의 그림자. 추억과 아픔까지도 돌이켜 보면 그것이 인생의 참다운 모습이다. 우리 삶의 기쁨과 위로는 괴로웠던 과거의 추억에 불과한 것이다.

시간은 내 머리에 흰 실을 얹고
주름을 남겼지만,
그 소녀는 여전히 봄날의 반짝임으로

내 마음에 머물러 있네요

나는 아직도 그 반지를
그녀의 손에 건네주지 못한 채,
한참을, 우두커니 서 있습니다
-〈잊지 못한 꽃반지〉 중에서

하루의 끝마다
기억은 너를 향해 걷고,
생각은 네 이름으로 멈춰섭니다

언제나 하나에 담긴 내 마음은
그저 숫자가 아닌 그리움,
그리움이 만든 작은 약속
-〈그대가 보고 싶어요〉 중에서

잊고 싶지 않은 봄이 있다면
그건 아카시아가 피던 골목일 것이다
그 향기 끝에서 나는 아직도
누군가의 손길을 기다리고 있다
-〈아카시아 꽃 아래에서〉 중에서

김형각의 시에는 1970년대 도시 산업화의 빛과 그림자가 언뜻언뜻 내비친다. 특히 '거대한 시골' 서울특별시의 여러 편린들이 스친다 〈봄이면 / 파릇파릇 냉이, 쑥이 자라던 둔치〉(한강, 그 시절), 〈대한극장은 단지 영화관이 아니었다 / 영화같은 청춘이 머물던 / 하나의 풍경이었다

〉(대한극장), 〈78년 11월 1일 입대할 때 / 왕십리역에서 눈물로 이별하고,〉(그해 겨울 황산벌에서), 〈서울운동장 / 넌 단지 운동장이 아니었어 / 내 유년의 열망과 추억, / 그리고 아련한 신기루 같은 / 말하지 못한 꿈들이 / 고스란히 묻혀있는 곳이지〉(서울운동장), 〈어릴 적, 남산은 소풍 가던 산이었습니다 / 남대문 쪽 오르막엔 어린이 회관이 있었고 / 분수대 옆엔 사진 찍어주는 아저씨가 있었지요 / 흑백 사진 한 장, 그 시절을 꺼내봅니다〉(남산), 〈동대문 옆, / 전국을 누비던 버스들 / 시외, 고속 다 모였던 종로의 시작〉(세종로) 등이 대표적이다. 그러나 시인은 도시화와 현대화의 아쉬움도 마음속에 담아두고 있다.

현대화는 외면상 화려하고 대단히 부산할 것이다. 그러나 움직임 이면에는 어둡고 상처받은 아픈 삶이 산재해 있는 것이다. 사람들은 그 상처를 의식하지 못한 채 살고 있다. 표면적인 아름다움에 현혹되어 그 내부의 아픔들을 잊어버리고 의식하지 못한 채 사는 것일 뿐이다. 이제 그의 앞에 가시적인 현상만으로는 어느 것도 존재할 수가 없는 것이다. 선험적으로 주입되었던 보편화된 관념들이 그의 앞에서 새로운 사고와 새로운 각도의 조명을 받게 된다.

4. 한 걸음 덜 가자, 한 걸음 덜 가자

그 강물에 마음을 풀어
소리 높여 통곡하고 나면
가슴은 뻥 뚫리고

나는 다시,
가벼운 마음으로
살아갈 수 있을 것 같습니다
-〈통곡의 강〉중에서

단 한 번만 더 기회를 주십시오
깜깜한 어둠속에 빛을 주십시오

이건 부탁이 아닙니다
간절한 소망입니다
-〈간절한 소망〉중에서

    세월 속에서 현재의 아픔을 인식하고 회상하는 추억이 단순히 행복하고 편안할 수만은 없을 것이다. 현실의 아픔은 인식하였으나 그 아픔을 치유하지 못하는 무력감, 그것은 시인-지식인으로서의 책임을 다하지 못했다는 죄책감을 동시에 수반하고 있는 것이다. 그러한 죄책감은 유년 시절을 단순한 도피처로 회상할 수 없게 한다. 이 원초적인 죄의식은 또한 이 시대를 사는 지식인으로서의 자기를 되돌아보는 반성적 죄책감으로 나타나고 있는 것이다. 그러나 시인은 다시 고통 속에서 희망을 노래한다.

  풀잎 하나 흔드는 바람의 감촉
  모퉁이 어귀의 햇살 한줌도
  늦게 떠난 새가 남긴 여운까지
  다 나의 삶이었다는 걸
  이제서야 깨닫는다

부지런한 발자국보다
머문 자리에 피어난 꽃이
더 오래 기억되는 것처럼
나도 그렇게 남고 싶다

한 걸음 덜 가자
오늘은 나를 위해 걷자
-〈한 걸음 덜 가자〉중에서

5. 인간의 참된 의미를 향하여 가는 아픔의 순례자

이상에서 우리들은 김형각 시인의 시집 『한 걸음 덜 가자』에 수록된 시를 중심으로 가능한 한 본문에 충실하게 그의 시를 몇 단계로 구분하여 분석해 보았다.

1970년대의 현실 참여 시들이 자기 감정의 강한 노출만큼의 서정성을 수반하지 못했고, 그러한 표현 때문에 오히려 핵심적인 부분에 이르러 지극히 교훈적인 표현이 두드러져서 독자들에게 다소 반발을 받기도 했다. 김형각의 시와 시의 속도감은 느슨한 가운데도 조화롭고, 동시 같은 문학의 원초적인 알갱이가 가득하게 들어있다. 그의 시는 완만하지만 내재적인 리듬을 결코 잊지 않고 있다. 그러나 그의 시편에서 나타난 아픔과 추억들이 우리에게 무엇을 주며, 그리고 이 아픔들과 추억 다음에 무엇을 해야 할 것인가를 다시 한 번 생각해 보아야 할 것이다. 이러한 추억과 아픔이 당혹스러움으로만 끝난다면 이것은 바로 김형각 시의 한계가 될 수 있기 때문이다.

아픔의 의미와 가치에 대한 인간 탐구는 마음의 안정보다는 긴장을 가져온다는 것은 확실하다. 그러나 이 긴장이야말로 김형각 시 창작 정신에 불가결한 필요조건이다. 가장 가혹한 아픔을 견디어 내는 데 있어서 인생의 참된 의미가 있는 것이다. 삶의 이유를 갖고 있는 사람은 거의 모든 고통을 견뎌 낼 수 있다고 실존주의 철학자 니체가 말했다.

인간의 참된 의미를 향해 가는 외로운 순례자 김형각의 시를 읽으면, 우리는 산다는 것은 아픔을 당하는 것이고 살아남는다는 것은 아픔을 당하는 속에서 의미를 찾는 것이라는 실존주의 중심 테마를 발견할 수 있다. 김형각 작품에 있어서 아픔이란 인간의 의미를 향해 가는 중요한 매개체로 작용하고 있는 것이다. 시인은 인생의 의미가 아픔을 통해서도 더욱 깊고 진실하게 온다는 것을 누구보다도 잘 알고 있다. 올바른 인간의 의미를 위하여 아픔, 아프게 하는 아픔의 길을 가는 그의 시작(詩作)이 깊은 체험과 통렬한 자기 반성 속에 의미 있는 순례의 길이 되기를 진심으로 소망한다.

-내가 두려워하는 것은 단 한가지뿐이다. 그것은 나의 아픔이 아무런 보람도 없게 되었을 때이다.(도스토옙스키)